Nathalie

VIVRE AVEC VOTRE CHIOT

LE COCKER

EDITIONS
de Bressac

SOMMAIRE

DESIGN
Fusion Communications & Design

DÉPÔT LÉGAL
1er trimestre 1998
ISBN 2-84320-027-X

DIFFUSION/DISTRIBUTION
AMÉRIQUE
Messageries ADP
FRANCE
Casteilla
BELGIQUE
Diffusion Vander
SUISSE
Transat s.a.

Publié par Éditions de Bressac, une marque de Sabre communication, 5, avenue du Maréchal Juin, 92100 Boulogne, France, 01 41.22.05.29.

Imprimé et relié au Canada

INTRODUCTION

Avec sa petite taille, ses magnifiques oreilles frangées de poils longs et soyeux, son regard tendre et langoureux, sa bonne humeur et sa vivacité exemplaire, le cocker, depuis son apparition en France à la fin du siècle dernier, a conquis un large public. Il est devenu très vite un précieux compagnon pour le chasseur. Courageux, endurant, c'est en effet un fin pisteur, un remarquable leveur et rapporteur de gibier. Mais, le cocker est aussi devenu un chien de compagnie très apprécié. Sa gaieté, sa fidélité, ses incomparables élans affectueux et son regard en ont fait un chien très attachant.

UN PEU D'HISTOIRE

Le cocker appartient à la grande famille des *spaniels*, chiens de chasse avant tout, fureteurs et broussailleurs qui éventent le gibier tapi, le font lever puis le rapportent. Historiens et naturalistes ne sont pas tous d'accord quant à leur origine. Leur ancêtre commun portait, semble-t-il, le joli nom de «chien d'oysel», descendant en ligne directe du *Canis familiaris intermedius*. Certains les font naître en Espagne, invoquant l'étymologie des noms «épagneul» et «spaniel». D'autres enfin, pensent qu'ils sont originaires de France s'appuyant sur le fait que le verbe *s'espanir* (se coucher en vieux français) était utilisé pour décrire l'action des chiens qui s'aplatissaient au sol dès qu'ils avaient débusqué une proie afin de ne pas gêner les chasseurs jetant leurs filets.

Toujours est-il que la présence des spaniels est attestée en France et en Angleterre dès le XIVe siècle. Une différenciation intervient dans le rang des spaniels à la fin du XVIIIe siècle en Angleterre. On distingue désormais le *springing spaniel*, chien de haute taille se rapportant au genre de chasse de certaines contrées, et le cocker ou *cocking spaniel*, plus petit et adapté à la chasse à la bécasse. L'histoire du cocker débute quand le premier duc de Marlborough, John Churchill, fait l'acquisition de deux petits spaniels. Pleinement satisfait de leur comportement à la chasse, il monte un élevage et sélectionne des sujets rouges et blancs qu'il dénomme *Bleinheim*, du nom de sa propriété.

À la fin du XIXe siècle, avec le développement des expositions canines en Grande-Bretagne, les différentes variétés de spaniels purent se fixer, le poids établissant la différence. Tous ceux qui pesaient plus de 25 livres (environ 12 kg) étaient classés *springing-spaniels* tandis que les moins de 25 livres étaient nommés *cocker-spaniels*. Sachant que dans une même portée il pouvait y avoir des chiens appartenant à deux variétés différentes, en 1900, le *Kennel Club* britannique donna la préférence au type plutôt qu'au poids pour fixer la variété.

C'est en 1879 qu'apparaît le cocker-spaniel «moderne» avec la naissance de *Obo*, un chiot noir, long et bas sur pattes, appartenant à l'élevage de M. Farrow. L'engouement fut rapide et d'autres éleveurs développèrent la race.

En 1880, *Obo II* fut exporté vers les États-Unis, où la race connut des modifications graduelles qui aboutirent à l'actuel cocker américain. À l'époque, les cockers américains et anglais, bien que très différents, étaient jugés selon un même standard et étaient souvent croisés. Suite à une étude de pedigrees, les deux races devinrent distinctes. Le cocker américain connut alors un succès incomparable sur le territoire nord-américain. Ce n'est pas par hasard que Walt Disney l'a choisi pour incarner le rôle de la belle dans *La belle et le clochard*.

La France fut à son tour charmée par le cocker. Les premiers sujets furent inscrits au Livre des origines français (LOF) en 1885. Le Spaniel Club fut créé quelques années plus tard en 1898. Des élevages prestigieux apparurent en France, mais les deux grandes guerres stoppèrent brutalement leur essor. Il fallut attendre les années cinquante pour que le cocker anglais retrouve une place de choix en France. Les éleveurs, soucieux de reconstituer leur cheptel, importèrent des sujets britanniques. Ceux-ci étaient plus grands, 45 cm au garrot. Le docteur Paul, alors président du club de race, demanda aux Anglais de revoir la taille à la baisse afin que le cocker continue à être le plus petit des spaniels. Ce qui fut fait. Dans les années soixante, le *cocker golden* connut une formidable vogue en France qui lui causa du tort. La demande étant très forte, des éleveurs peu sérieux firent de mauvais mariages et des sujets agressifs virent le jour. Dans les années soixante-dix, le public tourna le dos au cocker et les naissances chutèrent (7500 naissances enregistrées au LOF en 1970, 2500 en 1985). Fort heureusement, dans les années quatre-vingt, des éleveurs attentionnés reprirent l'avenir du cocker entre leurs mains.

Aujourd'hui, le cocker est redevenu un chien populaire qui doit sa notoriété à ses talents de chien de compagnie plutôt qu'à sa réputation de leveur de gibier. Son succès a été renforcé avec le développement du cocker américain, plus élégant et plus précieux que l'anglais, mais disposant des mêmes qualités de cœur.

Son métier d'origine

Le cocker est un fabuleux chien de chasse. Il est spécialisé dans la chasse à la bécasse, au faisan et au lapin. Très alerte et habile dans les terrains couverts, il n'a pas son pareil pour s'enfoncer dans les taillis et les buissons. Sa petite taille et son endurance lui permettent de se faufiler dans les fourrés les plus épais où il lève le petit gibier. Son odorat très fin en fait un rapporteur de gibier hors pair.

Même si la morphologie du cocker a changé depuis son origine, il demeure un irremplaçable chien de compagnie, en ville comme à la campagne.

LA PERSONNALITÉ DU COCKER

LE STANDARD

Le standard décrit un type très précis de morphologie correspondant au tempérament et au travail demandé au chien. Le standard évolue en fonction de la mode, de l'utilisation ou de la fonction du chien.

Aspect général

Chien gai et compact, d'une endurance inépuisable. Taille et équilibre global parfaits.

Caractéristiques

D'un naturel joyeux, avec sa queue qui remue constamment, le cocker est typiquement grouillant dans son action.

Tempérament

Doux et affectueux, plein de vie et exubérant, c'est un chien d'humeur égale très équilibré, qui fait preuve de beaucoup d'entrain au travail.

Allures et mouvement

Les allures sont franches avec beaucoup d'impulsion et le mouvement couvre bien le terrain.

POUR MIEUX COMPRENDRE

Arrière-main
partie postérieure

Avant-main
partie antérieure comprenant la tête, le cou, la poitrine et les membres antérieurs

Canons métacarpiens
le jarret

Côtes cintrées
entre la côte ronde et la côte plate

Couvrir le terrain
avoir une marche allongée

Cryptorchidie
les testicules ne sont pas descendus dans le scrotum

«En pieds de chats»
pieds ronds et fermes

Épaules obliques
angle d'environ 90° entre le bras et l'omoplate

Fanon
pli de la peau pendant sous le cou

Garrot
point le plus haut de la colonne vertébrale, situé entre les omoplates

Grasset
de la rotule à la fin de la cuisse

Monorchidie
absence d'un testicule

Occiput
région à l'arrière et à la base du crâne

Scrotum
peau recouvrant les testicules

Stop
de la fin du museau au début du crâne

Zygomatiques
muscles de la pommette

Tête et crâne

Le cocker anglais
Le stop, situé à mi-distance de l'extrémité de la truffe et de l'occiput, est bien marqué. Le crâne est ciselé, ni trop fin, ni trop lourd. Les zygomatiques ne sont pas proéminents. Le nez est suffisamment large pour permettre la finesse du flair.

Le cocker américain
Crâne et arcades sourcilières plus arrondies que chez le cocker anglais. Stop plus marqué et truffe plus grosse.

Yeux

Les yeux remplissent bien les orbites mais ne sont pas saillants. Ils sont bruns ou brun foncé. Ils ne sont jamais clairs, mais chez les chiens marron, marron *rouanné* et marron et blanc, les yeux sont noisette foncé pour s'harmoniser avec la robe. Les paupières doivent bien épouser la forme de l'œil.

Oreilles

Les oreilles sont longues, attachées bas, au niveau des yeux et peuvent atteindre l'extrémité de la truffe. Les oreilles portent de belles franges de poils longs, droits et soyeux.

Mâchoires
Les mâchoires sont fortes et carrées et offrent un articulé parfait, régulier et complet en ciseaux, c'est-à-dire que les incisives supérieures recouvrent les inférieures dans un contact étroit et sont implantées à l'aplomb des mâchoires.

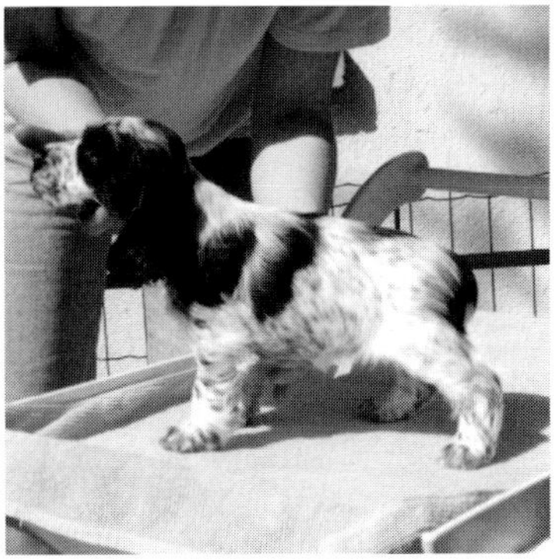

Cou
De longueur modérée et musclé, arqué vers la tête, exempt de fanon.

Corps
Il est fort et compact. La poitrine est bien développée et la région sternale bien descendue, ni trop large ni trop étroite dans sa partie antérieure. Les côtes sont bien cintrées. Le rein est court et puissant. Il présente une ligne supérieure ferme et droite allant en pente douce vers la queue, de la fin du rein à l'attache de la queue.

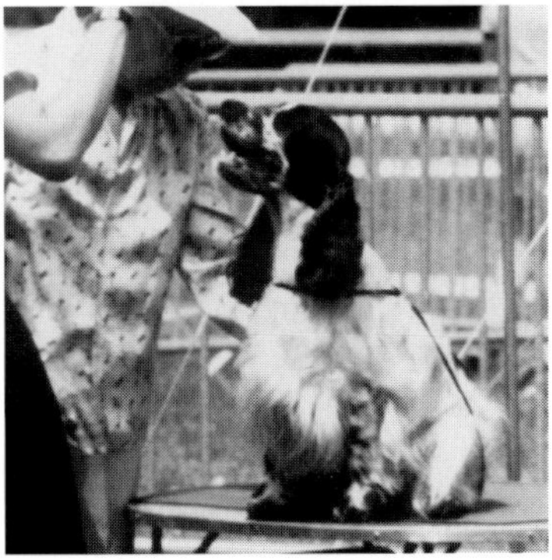

Avant-main
Les épaules sont obliques et fines. Les membres ont une bonne ossature.

Arrière-main
Elle est large, bien arrondie et très musclée.

de L'OISE
C.A.C.I.B.
S.CANINE DE BASSE NORMANDIE
1er PRIX TRAVAIL
SOCIETE CENTRALE
Sté CANINE du CENTRE
SECTION BLAISOIS
C.A.C.
SOCIETE CANINE DU CENTRE
SECTION BEAUCE
EXCELLENT

Pieds
Les pieds sont fermes avec des coussinets épais. Ils sont «en pieds de chat».

Queue
Elle est attachée légèrement plus bas que la ligne du dos. Elle doit frétiller en action; elle est portée horizontalement et jamais relevée. Elle est habituellement écourtée mais jamais trop courte au point de ne pas être visible, ni trop longue, au point de gêner le frétillement incessant de la queue quand le chien travaille.

Poil
Il est plat, de texture soyeuse, légèrement ondulé, jamais «fil de fer» ou bouclé, pas trop abondant. Les oreilles, les membres antérieurs et postérieurs, et le corps sont garnis de franges moyennes chez le cocker anglais et plus longues chez le cocker américain.

Couleur
Unicolore ou multicolore. Chez les unicolores, le blanc n'est admis que sur le poitrail.

Poids et taille
Le poids approximatif est de 11 à 15 kg. La hauteur au garrot est d'environ 38 à 39 cm pour

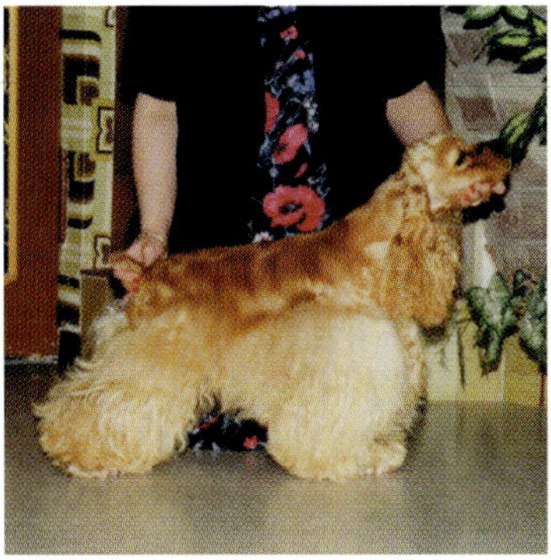

les femelles anglaises et de 39 à 41 cm pour les mâles anglais. La hauteur des femelles américaines se situe entre 36 et 38 cm et celle des mâles entre 37 et 39 cm.

Défauts
Tout écart par rapport à ce qui précède doit être considéré comme un défaut qui sera pénalisé en fonction de sa gravité.

N.B.: les mâles doivent avoir deux testicules d'apparence normale complètement descendus dans le scrotum.

Les points de non-confirmation
Des défauts éliminatoires entraînent automatiquement le refus de confirmation des deux sexes:

- Taille: inférieure ou supérieure au standard
- Prognathisme inférieur ou supérieur accusé dû à un raccourcissement des maxillaires inférieur ou supérieur
- Manque de type
- Déformation congénitale
- Yeux jaunes ou vairons
- Truffe ou paupières ladrées
- Monorchidie
- Cryptorchidie
- Agressivité

LE CARACTÈRE

«Joyeux!»: s'il n'y avait qu'un qualificatif pour décrire le caractère du cocker, ce serait bien celui-là. Le cocker est très gai, d'une gaieté communicative pour qui sait l'apprécier. Sa joie de vivre, il vous la fait partager sans détour. C'est un présent qu'il vous donne, offrant à votre regard sa queue qui frétille de bonheur et ses yeux à l'air malicieux. Aimer et être aimé, telle est sa devise et il attend de ses maîtres qu'ils partagent avec lui cette conception de la vie. Il s'épanche à tout moment, librement et spontanément, guettant les caresses et attirant les marques d'affection. Il recherche la compagnie, et l'indépendance, vous l'aurez compris, n'est pas son fort.

Faire son bonheur, c'est s'occuper de lui régulièrement et attentivement, c'est lui faire partager votre quotidien. Affectueux et sensible, rien ne lui échappe, il voit tout et comprend tout. Il perçoit vos joies et vos tristesses et adapte son comportement en conséquence. S'il voit son maître triste et maussade, il s'en soucie, n'hésitant pas à lui apporter du réconfort en venant s'installer délicatement près de lui. Si l'ambiance à la maison est à l'orage, le voilà qui se retire sur la pointe des pattes attendant, non sans une certaine inquiétude, le retour au calme.

Mais attention, aussi sensible soit-il, le cocker a de la personnalité. Et même, une forte personnalité. Très intelligent, perspicace et malicieux, il a de la suite dans les idées. Aussi, ne vous laissez pas déborder, apprenez-lui très jeune l'obéissance et la soumission. Sinon, il n'en fera qu'à sa tête et vivra comme bon lui semble. Astucieux comme un diable, il décèle très vite vos faiblesses et n'a pas son pareil pour se tirer d'un mauvais pas. Il use alors de son regard langoureux qui a fait craquer plus d'un maître. Dès son plus jeune âge, soyez donc ferme tout en restant doux car ce petit malin est un grand sensible. Joueur, le cocker l'est assurément. Tout peut être prétexte au jeu. Aussi ce petit chien débordant d'énergie ne peut se satisfaire d'une vie sédentaire. Il se plaît en ville aussi bien qu'à la campagne à condition de sortir quotidiennement pour de longues virées. Fidèle, le cocker l'est à coup sûr et l'amour qu'il voue à son maître ou à sa maîtresse n'a pas de limite. Il fera tout

pour les satisfaire et n'aura pas de plus belle récompense que leur amour en retour.

Un mâle ou une femelle

Que ce soit un mâle ou une femelle, le cocker est doux, démonstratif et affectueux. Contrairement aux races dites de «garde», le mâle n'est pas dominant. C'est plutôt un tendre à l'humeur égale. La femelle peut être parfois perturbée durant la période des «chaleurs». Cela entraîne quelques contraintes pour le propriétaire: dégâts matériels (taches) et promenades sous haute surveillance durant ces périodes.

LES RACES VOISINES

Le cocker fait partie de la grande famille des spaniels. Chiens du huitième groupe, leveurs de gibiers, rapporteurs et chiens d'eau, tous les spaniels forment un clan aux caractéristiques communes. Ils sont doux, sensibles et affectueux. Son plus lointain cousin, l'***Irish water spaniel***, est un véritable spécialiste du travail dans l'eau. C'est un chasseur des zones marécageuses, doté d'une fourrure imperméable et de sa célèbre «queue de rat». C'est un grand chien (53 à 59 cm), puissamment construit et élevé exclusivement pour la chasse.

Le ***clumber spaniel*** se distingue par sa force et sa puissance. Intelligent, stoïque, digne de confiance, il est d'un naturel gentil et sérieux.

Le ***sussex spaniel*** est quant à lui massif, solidement construit et très actif. Enclin au travail, il est d'un caractère tranquille.

Le ***field spaniel*** — docile, sensible et indépendant — est idéal pour la chasse ou comme chien de compagnie. Bâti pour l'activité, il ne supporte pas la vie en ville.

Le ***welsh-springer*** caractérisé par une superbe robe blanc et rouge vif est comme tous les spaniels un formidable chien de compagnie et un excellent chien de chasse. D'un naturel gentil, c'est un chien robuste, gai et très actif.

Le ***springer-spaniel***, peut-être le moins connu du grand public, est très populaire auprès des chasseurs. C'est le plus haut sur pattes et le plus élevé de tous les spaniels. Amical, il est très facile à vivre.

L'ACHAT DU CHIOT

ADOPTER SON COCKER

Un chiot de race ne s'achète pas n'importe où ni de n'importe qui. Préférez les éleveurs amateurs, membres du Spaniel Club (demandez la liste auprès de la Société Centrale Canine ou du Club Canin Canadien). Ce sont des gens passionnés, amoureux de leurs chiens et qui les connaissent parfaitement. Ne choisissez pas votre chiot sur un coup de tête. Vous allez partager sa vie pendant au moins quinze ans, cela demande donc réflexion. Allez voir plusieurs éleveurs et quand vous aurez fait votre choix, n'hésitez pas à faire de fréquentes visites. Vous serez toujours le bienvenu chez un éleveur sérieux. Regardez l'environnement dans lequel vit le chiot, observez ses frères et sœurs ainsi que la mère. Celle-ci doit être saine, bien nourrie et vous réserver le meilleur accueil. Renseignez-vous auprès de l'éleveur sur le caractère des chiots. Il les a vu naître et s'en occupe chaque jour. Il connaît bien leur tempérament. En discutant avec lui, vous trouverez le chiot qui correspond à votre caractère et à votre mode de vie.

LES PAPIERS

L'attestation de vente

Elle est obligatoire en cas de cession ou de donation d'un chien de race et doit être signée par les deux parties. Sur cette attestation doivent figurer les renseignements suivants:

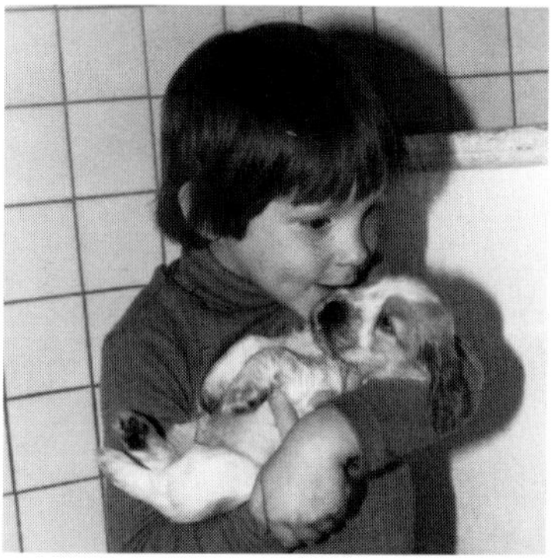

- le numéro du certificat
- la date de vente ou de donation
- les nom, prénom et coordonnées de l'éleveur, du légataire et du client
- la race, le sexe, la couleur, le nom, la date de naissance, le numéro de tatouage — immatriculation au fichier de la Société Centrale Canine (SCC) ou du Club Canin Canadien (CCC) — le numéro au Livre Officiel des naissances ou le numéro de dossier de la SCC ou du CCC
- le prix du chiot
- les noms et adresse du ou des vétérinaires de l'éleveur et de l'acheteur.

Le certificat de naissance

Il prouve que l'animal est inscrit au Livre des origines. C'est un papier provisoire en attendant le pedigree définitif qui sera délivré après confirmation. Sur ce certificat figurent:

- la mention «*Inscrit au registre des livres généalogiques du ministère de l'Agriculture de France*»
- le nom du chiot, sa race, son sexe, sa date de naissance, son numéro d'inscription
- le nom du producteur et le nom de l'élevage

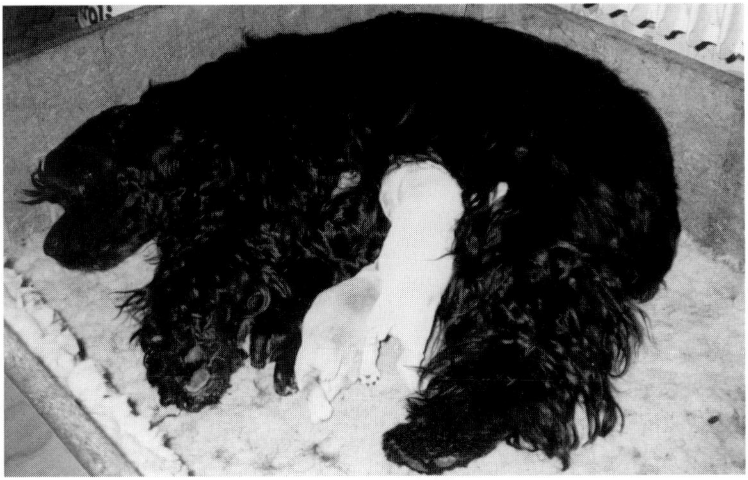

- le numéro de tatouage
- le cachet de la SCC ou du CCC.
  (Au Canada, la loi sur la généalogie des animaux prévoit qu'il est de la responsabilité du vendeur d'enregistrer le chien auprès du CCC plutôt que celle de l'acheteur. De plus, l'animal doit être authentifié comme étant de race pure par un certificat.)

Le pedigree

Le cocker obtient son pedigree à partir de l'âge de 12 mois, après une séance de confirmation qui a lieu lors d'une exposition canine nationale ou lors d'une manifestation organisée par le club de race. On peut aussi faire appel à des experts confirmateurs. Un juge examine le chien afin de vérifier s'il est conforme au standard et apte à se reproduire.

La carte de tatouage

Le tatouage permet une identification précise et immédiate de votre chien et facilite les recherches en cas de perte ou de vol. La carte de tatouage est délivrée dès que le chien a été tatoué. Le tatouage se fait en même temps que le premier vaccin, vers sept semaines. Le tatouage est une série de lettres et de chiffres à l'intérieur de l'oreille ou de la cuisse. Il est effectué par un

vétérinaire ou un tatoueur agréé.

De plus, au Canada, le CCC exige que chaque chien soit identifié à sa naissance (par tatouage ou puce électronique) avant d'être vendu, et ce, afin d'être enregistré dans la base de données du CCC. La puce électronique (de la grosseur d'un grain de riz et placée sous la peau entre les omoplates) et la série de lettres et numéros pour le tatouage sont délivrés par le CCC.

Le carnet de vaccination

Il n'est pas obligatoire mais souhaitable et tout bon éleveur doit vous le remettre à la cession du chiot. Sur le carnet figurent les vaccinations (dates, vaccins effectués, rappel à faire). Vous aurez besoin de ce carnet si vous emmenez votre chien à l'étranger.

La garantie légale des vices cachés

Demandez à l'éleveur une garantie contre les vices cachés graves et antérieurs à la vente. Ainsi, vous pourrez faire annuler la vente si votre chiot est atteint d'une des maladies suivantes: maladie de Carré (*distemper*), hépatite de Rubarth et parvovirose.

Trois tares génétiques entrent également dans la catégorie des vices cachés: la dysplasie coxo-fémorale (elle apparaît au cours de la première année), l'ectopie testiculaire (concerne les chiots âgés de plus de 6 mois) et l'atrophie rétinienne. Dans ces cas, vous devez apporter la preuve de l'existence du vice, de son caractère caché au moment de la vente et surtout de son caractère préexistant à la vente. Une expertise est alors engagée et vous pouvez demander soit la résiliation de la vente soit le remboursement d'une partie du prix si vous souhaitez tout de même garder l'animal.

L'ARRIVÉE À LA MAISON

Le grand jour tant attendu est arrivé. Votre cocker fait son entrée chez vous. Réservez-lui le meilleur accueil en respectant quelques règles simples. Allez le chercher tôt dans la matinée chez l'éleveur, il aura ainsi toute la journée pour s'habituer à son nouvel entourage. Emportez ses quelques jouets, ainsi que le linge que vous aviez déposé lors de votre dernière visite dans le panier de la portée. Il retrouvera ainsi l'odeur de sa mère et de ses frères et sœurs chez vous et se sentira rassuré. Évitez un accueil trop bruyant et ne le gardez pas dans vos bras toute la journée. Il s'y sent sûrement en sécurité mais vous l'empêchez ainsi de se familiariser avec son nouvel environnement. Découvrez avec lui sa nouvelle maison. Les chiots ont des tempéraments différents, certains hardis et curieux iront de pièce en pièce, d'autres plus effarouchés n'oseront pas bouger. Après la visite de la maison, montrez-lui son coin pour la nuit. Choisissez une pièce à l'abri des courants d'air, et où il y a du passage, il sera rassuré. La cuisine est souvent la pièce idéale. Montrez-lui ensuite son lit où vous aurez installé une couverture et ses jouets. Une corbeille en plastique convient très bien ou une cage de transport. Il y a un toit, le chiot s'y sent en sécurité et si vous avez à vous déplacer, il ne s'y sentira pas dépaysé. Après la visite de la maison, servez-lui un bon repas. Votre cocker commencera

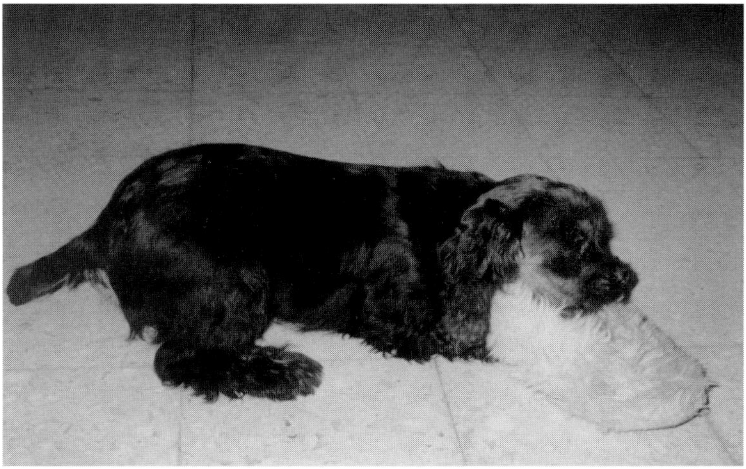

alors à se sentir en famille. Il comprendra que si on lui donne à manger, c'est que l'on prend soin de lui.

Les premières nuits peuvent être difficiles et votre chiot peut se sentir isolé. S'il pleure, n'accourez pas tout de suite. Attendez un moment et voyez s'il se calme. Si les pleurs continuent, emmenez son panier dans votre chambre mais, laissez-le dormir dedans. Ne le prenez pas dans votre lit car s'il prend cette habitude petit, il ne comprendra pas pourquoi plus tard vous lui interdisez. Au bout de quelques jours, éloignez le panier de la chambre et remettez-le dans sa pièce.

Il va falloir à votre chiot, une à deux semaines pour se familiariser avec sa nouvelle famille. N'attendez pas qu'il ait pris ses marques, inculquez-lui tout de suite vos règles de vie. Indiquez-lui clairement avec patience mais fermeté ce qui est toléré ou interdit.

L'ÉDUCATION DE VOTRE CHIOT

LES GRANDS PRINCIPES

À trois, quatre mois, le chiot est encore très malléable, il apprend vite et facilement. Les bonnes habitudes seront ainsi acquises pour toujours. Ne vous laissez pas attendrir par le regard implorant de votre cocker mais dites-vous plutôt que vous ne faites que reproduire le comportement de sa mère biologique qui quand elle éduque ses petits, n'hésite pas à grogner ou à les saisir fermement par la peau du cou pour les empêcher de faire telle ou telle chose. Soyez persévérant et constant dans vos exigences. Rappelez-vous que le cocker, s'il n'est pas encadré peut vivre sa vie comme bon lui semble. Fixez-lui des règles et montrez-lui que c'est vous le maître. S'il sent votre autorité, il s'y soumettra.

L'APPRENTISSAGE DE LA PROPRETÉ

Commencé à deux mois chez l'éleveur, l'apprentissage de la propreté se poursuit dès l'arrivée à la maison. À quatre mois, un chiot doit en principe être propre le jour. Pour cela vous devez lui consacrer du temps et ne pas le quitter des yeux pendant les premières semaines. Placez un papier journal près de la caisse de votre cocker. Quand il se réveille, après chaque repas ou au début des jeux, emmenez-le sur le journal. S'il s'exécute là où il faut, félicitez-le et caressez-le. S'il s'oublie au mauvais endroit, inutile de le frapper ou de le gronder mais posez-le de nouveau sur le papier. Votre chiot comprendra rapidement ce que vous

attendez de lui. Soyez attentif car parfois, votre chiot vous montre qu'il veut se soulager. Il décrit des cercles durant ses jeux et renifle le sol. Intervenez tout de suite en le portant vers l'endroit où vous souhaitez qu'il se soulage. Au bout de quelques jours, déplacez le journal vers la porte d'entrée pour finir dehors afin qu'il prenne l'habitude de demander à sortir. Si vous avez un jardin, menez-le en laisse toujours au même endroit. Il choisira lui-même son coin. En ville, c'est plus compliqué car il n'est pas question que votre chiot se soulage au milieu du trottoir. Repérez une surface verte à proximité de votre domicile et conduisez-le le plus souvent possible. Patience et encouragement sont nécessaires à la réussite de cet apprentissage. Si c'est long, ne vous énervez pas. Les cris, les punitions peuvent troubler votre cocker et rendre plus difficile cet apprentissage.

LES PREMIERS ORDRES

Patience, amour et fermeté constituent les bases d'une bonne éducation. Commencez par des choses simples. Apprenez à votre cocker les

notions de «oui» et «non». N'utilisez pas un langage compliqué qui ne lui est pas familier. S'il accomplit des choses autorisées, gratifiez-le d'un «oui» et d'une caresse. Si en revanche, il fait des choses que vous ne souhaitez pas, dites «non» d'un ton ferme. Soyez conséquent et ne permettez pas un jour ce que vous avez interdit la veille. Votre cocker sera alors désorienté et risque de ne pas vous comprendre.

Le rappel

Votre cocker doit apprendre à répondre à l'appel de son nom. Veillez à ce que chaque membre de la famille ne l'appelle pas d'un nom différent. Répétez son nom à chaque moment agréable de sa vie, quand vous le caressez par exemple. Choisissez le moment des repas pour commencer l'apprentissage. Installez-vous près de sa gamelle, appelez-le par son nom suivi d'un «ici». S'il accourt, caressez-le et laissez-le ensuite manger en paix. Répétez l'opération chaque jour. Quand votre cocker aura bien intégré ce rappel, réitérez cet apprentissage à l'extérieur, dans votre jardin ou dans un espace vert clos. Jouez avec lui puis, cachez-vous. Votre chiot va sûrement vous chercher. À ce moment-là, appelez-le par son nom suivi de «ici». Il se dirigera vers vous tout joyeux. Félicitez-le et au besoin offrez-lui une friandise.

La position «assis»

Votre cocker doit apprendre très tôt à s'asseoir. Le moment des repas est propice à l'apprentissage. Appelez votre chiot et placez-le devant son écuelle en lui disant «assis». S'il ne comprend pas et fait le tout fou, reformulez votre ordre en appuyant sur son arrière-train avec la main à plat. N'oubliez jamais de le féliciter s'il s'est bien comporté et donnez-lui ensuite à manger.

La position «couché»

Votre chiot ne doit pas vous déranger sans arrêt. Sachez le renvoyer à sa place et apprenez-lui l'ordre «couché». Commencez par mettre votre cocker en position «assis». Puis plaquez doucement ses pattes avant vers le sol. Maintenez-le dans cette position en répétant «couché». S'il reste immobile sans bouger, félicitez-le. Rappelez-vous que tous ces exercices doivent être effectués chaque jour pour que votre chiot puisse les intégrer complètement.

S'habituer à la laisse

Habituer un chiot à porter un collier et une laisse n'est pas toujours facile. Le collier le

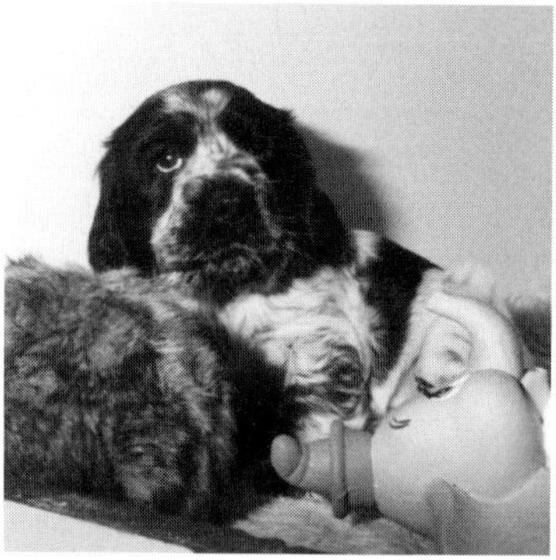

gêne, le gratte et il va sûrement dans les premiers temps le mordiller. C'est pour lui une entrave à sa liberté. Ne lui mettez pas de force, essayez de le distraire et passez lui le collier sans qu'il s'en aperçoive. Habituez-le à le porter à la maison quelques minutes par jour puis, augmentez progressivement. Mettez-lui sa laisse quand vous décidez de sortir. Il va sûrement commencer par tirer dessus pour s'en débarrasser. Laissez-le décider lui-même où aller et à quelle allure sans trop tirer sur la laisse. Puis progressivement, reprenez la situation en main. Accroupissez-vous et tirez doucement le chiot vers vous avec la laisse tout en le félicitant. Répétez l'exercice plusieurs fois. Vous pourrez ensuite commencer à le promener en laisse. Il se rendra vite compte qu'il pourra marcher ou courir. Évitez d'acheter une laisse à enrouleur qui peut être dangereuse. Le chiot court dans tous les sens croyant être libre, s'enroule autour des arbres ou même des passants. Une laisse de 1,50 m est largement suffisante.

L'APPARTEMENT, LE JARDIN, LA VOITURE ET LA SOLITUDE

L'appartement

Le cocker est un chien sportif qui a besoin de se dépenser. Vivre en appartement n'est pas l'idéal pour lui à moins de respecter certaines règles sous peine de le voir devenir triste et sans entrain. Vous devez impérativement le sortir trois fois par jour pour l'accomplissement de ses besoins et lui faire faire une bonne ballade d'au moins une heure. Courir, se dépenser, fureter à droite à gauche sont indispensables pour son équilibre. Ayez cela présent dans votre esprit au moment de l'acheter et si votre style de vie ne vous permet pas de satisfaire ses besoins vitaux, renoncez à acquérir un cocker.

Le jardin

Vous l'aurez compris, votre cocker sera pleinement heureux dans un jardin. Rien de tel qu'un espace clos pour courir, sauter, découvrir, bref se dépenser. Pour éviter les fugues, veillez à ce que votre jardin soit hermétiquement clos. Et n'oubliez pas que le jardin ne vous dispense pas d'une bonne virée quotidienne à l'extérieur. Le cocker est très sociable: gambader librement dans la nature et rencontrer d'autres chiens lui feront le plus grand bien.

La voiture

Habituez votre chiot dès son plus jeune âge à des petits trajets en voiture. S'il dort dans une cage de transport, il n'y aura aucun problème quand vous la disposerez dans la voiture. Votre chiot reconnaîtra son chez lui et s'y sentira à l'aise. Vous pouvez aussi l'installer sur le tapis situé au pied du siège du passager ou sur la banquette arrière. Si votre chiot ne supporte pas la voiture et vomit facilement, ne lui donnez pas à manger juste avant de partir et au besoin administrez-lui un médicament contre les nausées. Si le trajet est long, pensez à vous arrêter toutes les deux heures pour la pause «pipi» et pour le laisser se dégourdir les pattes. Pensez aussi à lui donner à boire.

La solitude

Peu de chiens apprécient la solitude et surtout pas le cocker qui a besoin du contact permanent avec la famille. Le cocker est plutôt du genre «pot de colle». L'ennui, la solitude peuvent entraîner des troubles du comportement. Pour tromper l'ennui, certains cockers, déjà gourmands par nature, peuvent se mettre à

trop manger et devenir ainsi obèse. Cela dit votre chiot ne peut pas toujours vous suivre partout. Apprenez-lui dès qu'il est propre à rester seul quelques heures. Laissez-le dans une pièce qui lui est familière avec ses jouets et commencez par vous absenter un quart d'heure. Revenez vers lui, témoignez-lui votre affection et prenez quelques minutes pour jouer avec lui. Chaque jour, laissez-le un peu plus longtemps seul. Au besoin, allumez la radio, cela lui fera une compagnie. Il finira par vaincre sa peur de la solitude mais sachez que de longues absences quotidiennes ne sont pas souhaitables.

LE COCKER ET LES AUTRES ANIMAUX

Le cocker est d'un naturel gai et sociable et la cohabitation avec d'autres animaux ne pose en général aucun problème. Si vous avez déjà un chien adulte à l'arrivée de votre cocker, l'habitué des lieux exercera son droit d'aînesse et son autorité. Il aura le premier repas et caresses. Les chats adultes vivent plus difficilement l'arrivée d'un nouveau venu sur leur territoire. Votre chiot

ne sera pas à l'abri de quelques coups de griffes mais avec un peu de patience, ils peuvent devenir bons amis. Quant aux petits animaux, le cocker peut vivre sous leur toit en parfaite harmonie. Il sait mettre son instinct de chasseur entre parenthèse. Son sens de la famille est si développé qu'il intègre fort bien tous les habitants de la maison.

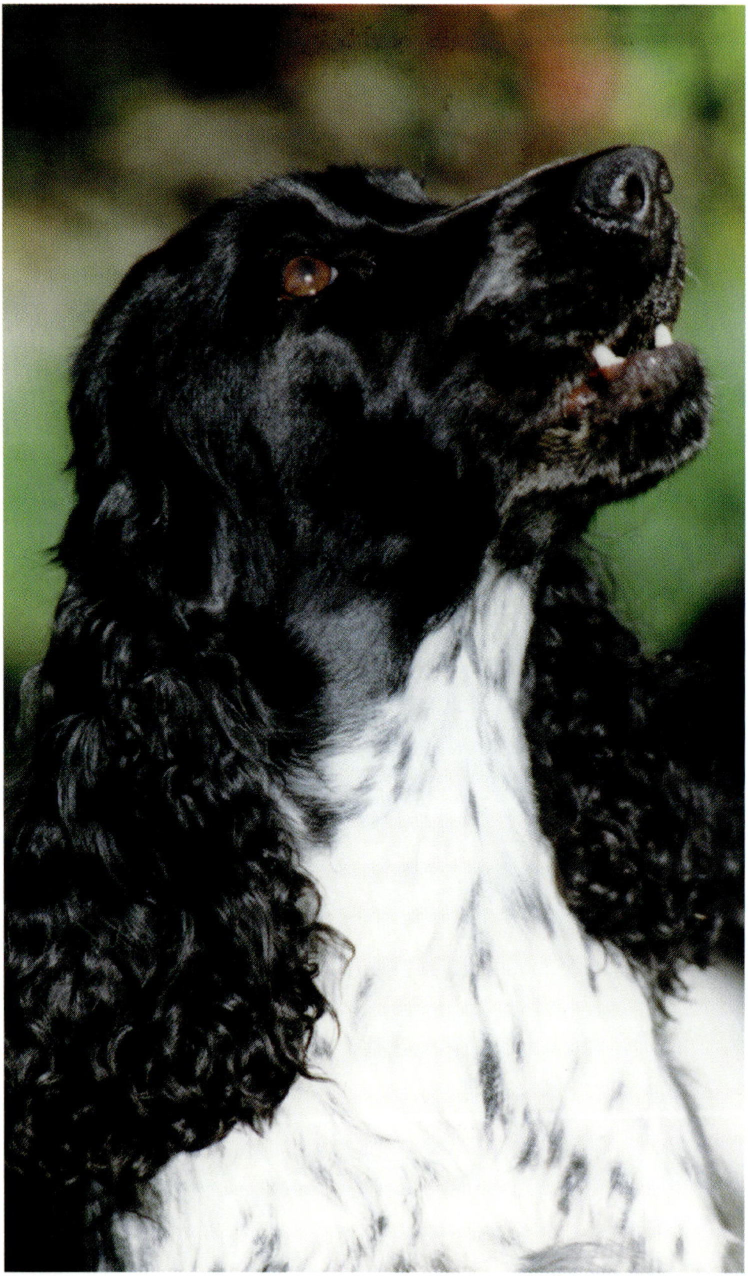

SON ALIMENTATION

Après sa naissance, le chiot double de poids en l'espace de 10 jours. À un an, il a achevé sa croissance. Aussi pour que votre cocker devienne en un laps de temps si court un chien solide et vigoureux, il doit être bien nourri. Le chien est un carnivore mais a aussi besoin d'autres aliments; pensez donc à varier les menus. Dès le sevrage, l'éleveur a opté pour un type d'aliments (frais, croquettes ou mixtes), informez-vous de son régime alimentaire et poursuivez-le chez vous.

LES ALIMENTS INDISPENSABLES

Les protéines

Ce sont la viande, le poisson, les œufs et le fromage. Ils permettent la croissance du chiot en assurant la formation des tissus musculaires, nerveux, osseux et cartilagineux. Le cocker mange de la viande crue et apprécie plus particulièrement la viande rouge. Mais habitué petit à la viande blanche (poulet, dinde...), il s'en contentera

RESPECTEZ LES RÈGLES D'HYGIÈNE ÉLÉMENTAIRES

- Nettoyez sa gamelle après chaque repas.
- Jetez la nourriture qu'il a dédaignée une heure après le début de son repas.
- Servez-lui ses repas tièdes, froids, mais pas glacés. Si, par exemple, vous préférez lui donner des boîtes d'aliments pour chien, sortez-les du réfrigérateur quelque temps avant de les servir.

tout aussi bien. Le poisson doit être servi cuit et sans arête. Les jaunes d'œufs crus ou cuits mélangés à la ration remplacent la viande. (Le jaune d'œuf est excellent pour la santé du chiot car il contient de la vitamine.)

Les lipides ou matières grasses

Ce sont les corps gras, huiles, beurre... Ils favorisent la constitution des membranes et ont un rôle majeur comme fournisseur d'énergie. Ils donnent à votre chiot un poil brillant et un éclat particulier, empêchent la desquamation de la peau, la chute des poils et facilitent la digestion.

Les glucides

Ce sont les pâtes, le riz, les céréales... Ces sucres lents se transforment peu à peu en sucres rapides dans l'organisme et sont un apport énergétique pour le chiot. Ils sont à consommer cuits et à mélanger à la pâtée.

Le calcium

Votre chien aura aussi besoin de calcium et de phosphore contenus dans le lait et le fromage.

Les os (de préférence gros os de veau, jamais de lapin ou de petits os qui peuvent perforer les intestins) sont également riches en calcium et sont à donner après les repas.

Le sel

Une pincée de sel doit toujours accompagner la ration quotidienne.

L'eau

Les besoins en eau sont fonction de la température, du mode de vie et de l'alimentation. Veillez chaque jour à mettre un bol d'eau fraîche à la disposition de votre chiot. Il se désaltérera ainsi à volonté.

LA RATION DU CHIOT

À deux mois, après le sevrage, vous devez donner à votre chiot une alimentation riche — pour permettre sa croissance — et équilibrée — pour que la minéralisation osseuse soit satisfaisante. Vous pouvez opter pour la pâtée maison ou les aliments préparés. Ils sont d'excellente qualité à condition de bien les choisir. Pour votre cocker optez pour de très bonnes marques et veillez à ce que les préparations soient fabriquées avec des protéines d'origine animale. Le mieux est d'alterner «repas maison» et repas tout prêt. Voici à titre indicatif, quelques menus types. Mais tous les chiots ne se ressemblent pas et n'ont pas les mêmes besoins. Certains sont d'éternels affamés, d'autres sont plus raisonnables. Tenez-en compte. Adaptez aussi les quantités en fonction du type de vie de votre chiot. Un hyperactif qui se dépense beaucoup aura plus de besoin qu'un chiot tranquille.

RATION À 8 SEMAINES (QUATRE REPAS PAR JOUR)

À cet âge, votre chiot a besoin de 4 repas. Sa ration est en moyenne de 60 à 70 g à multiplier par son poids en kilogrammes. Si votre chiot pèse 3 kg, il aura besoin de 180 g par jour répartis en 4 fois.

MATIN	Une tasse de lait reconstitué (lait spécial chiot, jamais de lait de vache trop différent du lait de la chienne) mélangé à des flocons d'avoine ou à une bouillie pour bébé aux céréales; ou une tasse de lait avec une biscotte écrasée et du gruyère râpé; ou 3 à 4 cuillères à soupe de croquettes réhydratées pour chiots.
MIDI	60 à 70 g de bœuf coupé en petits morceaux ou du foie, du cœur de bœuf, de la blanquette de dinde accompagnée de 2 ou 3 cuillères à soupe de céréales de riz ou de pâtes pour chiots et quelques carottes râpées ou légumes verts. Ajoutez une noisette de beurre.
GOÛTER	Une tasse de lait reconstitué avec une biscotte beurrée; ou un biscuit émietté; ou 100 g de fromage maigre.
SOIR	Même repas qu'à midi. Ajoutez une cuillère à café d'huile de tournesol et des vitamines de croissance pour chiots.

RATION À 3 MOIS (QUATRE REPAS PAR JOUR)	
MATIN	Croquettes à réhydrater pour chiots (regardez les quantités sur la notice); ou une tasse de lait avec une biscotte; ou du lait avec un jaune d'œuf cru.
MIDI	125 g de bœuf ou du foie ou de la dinde mélangée à des céréales à réhydrater, du riz ou des pâtes pour chiots et des légumes verts.
GOÛTER	100 g de fromage maigre; ou une sardine à l'huile.
SOIR	Même repas qu'à midi (vous pouvez remplacer la viande par du poisson ou des repas complets industriels). N'oubliez pas la pincée de sel.

RATION À 4 À 6 MOIS (TROIS REPAS PAR JOUR)	
MATIN	70 g de céréales; ou un jaune d'œuf dans du lait ou du fromage blanc; ou des croquettes pour chiots.
MIDI	175 à 180 g de viande (rouge ou blanche), 100 g de riz ou pâtes pour chiots (ou 50 g de riz et 50 g de légumes verts ou des céréales).
SOIR	175 à 180 g de viande, 150 g de riz ou pâtes (ou 100 g de riz et 50 g de légumes verts).

RATION À 7 À 12 MOIS (DEUX REPAS PAR JOUR)	
MATIN	200 g de viande et 200 g de riz ou pâtes pour chiots (ou 150 g de riz ou pâtes et 50 g de légumes verts), une cuillère à soupe d'huile de tournesol ou de *superlevure*.
SOIR	Même repas et même proportion.

À partir d'un an, la croissance du chiot s'achève et il faut réduire l'apport de calories en réduisant la ration. Donnez-lui deux repas, un le matin, l'autre le soir (150 à 200 g de viande, 120 g de riz ou pâtes ou 80 g de riz et 50 g de légumes, une cuillère à soupe d'huile de tournesol ou des croquettes le matin et la pâtée «maison» le soir).

HYGIÈNE ALIMENTAIRE ET OBÉSITÉ

Votre cocker doit prendre ses repas au calme, sans être dérangé. Disposez sa gamelle dans la cuisine, vous pourrez facilement la nettoyer. Donnez les repas tous les jours à heures fixes. Achetez une gamelle en acier inoxydable, le chiot peut mordiller le plastique. Pensez à une gamelle assez haute afin que les oreilles de votre cocker ne traînent pas dans sa pâtée. Si votre chiot laisse des restes, ne les conservez pas pour le lendemain. Lavez son écuelle à l'eau très chaude sans utiliser de détergent. Après les repas, laissez votre chiot se reposer. Il a besoin de digérer tranquillement.

Le cocker est très gourmand, c'est peut-être là l'un de ses plus gros défauts. Il adore manger et ne peut résister à un mets qui traîne sous son nez. Ne le tentez donc pas et rangez soigneusement votre cuisine, s'il doit y séjourner un moment. Ne cédez pas non plus à ses regards implorants et ne lui donnez rien entre les repas. Et surtout pas vos

restes. L'obésité guette surtout le cocker à partir de l'âge de six ans. Des repas trop riches, l'abus de friandises, un manque d'exercice en sont les principales causes. Veillez donc à donner à votre chien une alimentation équilibrée, ne confondez pas faim et gourmandise, et ne négligez pas la dépense physique. Si vous souhaitez récompenser votre cocker, alternez friandise et morceau de fromage gruyère.

SA SANTÉ

LES VACCINATIONS

Jusqu'à l'âge de deux mois, le chiot est immunisé. Il tète le lait de sa mère, le colostrum (lait des premiers jours), riche en anticorps qui le protège contre les affections. Après 2 mois, le chiot doit obligatoirement être vacciné contre certaines maladies contagieuses.

TABLEAU DES VACCINATIONS	
7-8 semaines	**VACCIN**: maladie de Carré (*distemper*), l'hépatite de Rubarth, la parvovirose canine et la toux du chenil
12 semaines	**RAPPEL**: maladie de Carré (*distemper*), l'hépatite de Rubarth et la parvovirose canine **VACCIN**: leptospirose et la toux du chenil
16 semaines	**RAPPEL**: leptospirose et rage
Tous les ans	**RAPPEL**: maladie de Carré (*distemper*), l'hépatite de Rubarth, la parvovirose canine, la leptospirose et la rage

Le vaccin contre la piroplasmose n'est pas obligatoire mais conseillé surtout si vous habitez la campagne. Faites-le vers la seizième semaine lorsque le chien est né en hiver et au printemps.

LES MALADIES

La maladie de Carré (distemper)

C'est une maladie infectieuse qui touche le chiot et le chien âgé et qui est le plus souvent mortelle. Les symptômes sont d'abord ceux du rhume, fièvre, toux, yeux larmoyants, nez qui coule, accompagné de vomissements et de diarrhée. Le chiot n'a plus d'appétit, maigrit, et présente des manifestations nerveuses de la tête et du corps.

L'hépatite de Rubarth

C'est une maladie infectieuse qui provoque une mort rapide. Cette grave affection se traduit par une angine accompagnée de vomissements, de diarrhée et d'une forte fièvre (40 °C). Elle provoque également des troubles oculaires. De nos jours, cette maladie est fort heureusement de plus en plus rare.

La parvovirose ou gastro-entérite hémorragique

Elle peut atteindre le chiot dès la troisième semaine et jusqu'à cinq mois. Les symptômes sont une forte fièvre, des vomissements incontrôlables accompagnés de diarrhées avec du sang.

La leptospirose ou «typhus du chien»

Elle se transmet par l'urine des rats. Il suffit qu'un rat atteint par la maladie urine sur des aliments qui vont être mangés par le chiot ou sur une flaque d'eau qu'il va boire pour qu'il l'attrape. Cette maladie provoque une jaunisse accompagnée d'une forte fièvre et de diarrhées de sang.

La piroplasmose ou fièvre des tiques

Cette maladie transmise par les tiques provoque une forte fièvre, suivie d'anémie et peut entraîner la mort. Une bonne hygiène permet de prévenir l'apparition des tiques.

La toux du chenil

Cette maladie respiratoire atteint surtout les chiots élevés en collectivité. Elle se traduit par une forte fièvre, une bronchite avec une toux quinteuse et sèche. Elle peut atteindre les chiots dès la quatrième semaine.

La rage

Elle se transmet par la salive et la morsure d'un animal contaminé. Elle se traduit par une paralysie totale du corps et provoque des hallucinations, des aboiements rauques et une forte agressivité. Elle entraîne une mort rapide en moins de huit jours. En France, le vaccin contre la rage est obligatoire depuis le premier janvier 1993. Si vous voyagez à l'étranger ou si vous campez, le vaccin est exigé. D'autre part, si votre chiot se perd dans une région touchée par la rage et qu'il soit retrouvé, il ne vous sera rendu qu'à la seule condition d'être vacciné.

Les vers

Les vers peuvent être une véritable plaie pour le chiot. Il faut être vigilant et l'en débarrasser car ils peuvent menacer sa santé. Les vers les plus courants sont les ascaris ou vers ronds. Ce sont les plus nocifs. Ils provoquent des diarrhées, de la constipation et des vomissements. Les chiots sont à traiter dès l'âge de deux semaines. Puis, on administre un deuxième vermifuge vers la sixième semaine, avant la première vaccination, tous les

mois jusqu'à l'âge d'un an puis deux ou trois fois par an lorsqu'il est adulte. Il est nécessaire de vermifuger un chiot la semaine qui précède les vaccins ou les rappels.

Les maladies héréditaires propres au cocker

L'atrophie progressive de la rétine

Comme de nombreuses races, le cocker peut en être atteint. Les signes cliniques sont une cécité progressive, une dilatation des pupilles qui apparaît vers un ou deux ans chez de nombreuses races mais vers quatre ans chez le cocker (parfois même vers sept ou neuf ans). Une détection précoce est possible par un examen médical. Les éleveurs testent tout leur cheptel afin d'éliminer de la reproduction les sujets atteints.

La néphropathie familiale

C'est une dégradation du rein par atrophie qui provoque une soif intense, des vomissements, un amaigrissement et une augmentation de l'urémie et de la créatine dans le sang. Le chien atteint ne survit pas au-delà de deux ans et demi.

L'entropion et l'ectropion
Ce ne sont pas à proprement parler des maladies mais plutôt des malformations des paupières. La paupière inférieure de l'œil se retourne vers l'extérieur ce qui provoque une conjonctivite chronique (ectropion). Dans le cas de l'entropion, la paupière inférieure ou supérieure est retournée à l'intérieur de l'œil. Les poils frottent sur la cornée et provoquent une irritation chronique. Dans les deux cas, la chirurgie apporte une solution.

LES ACCIDENTS

Le coup de chaleur
Par temps chaud, prenez soin de ménager un coin d'ombre à votre chiot. Une insolation peut provoquer une congestion cérébrale. Ne le laissez jamais dans une voiture exposée au soleil, même si les vitres sont entrouvertes. La température peut monter à plus de 40 °C et votre chiot peut perdre connaissance et être pris de tremblements. Dans un pareil cas, il faut vite intervenir et plonger le chiot dans un bain d'eau froide ou lui appliquer sur la tête des linges mouillés. Si au bout de 10 minutes, il ne reprend pas connaissance, conduisez-le rapidement chez le vétérinaire.

L'intoxication
Votre cocker est curieux et débordant d'énergie. À la maison ou dans le jardin, il peut par mégarde ingurgiter des produits nocifs (barbiturique, insecticide, arsenic, champignon et plante toxique). À vous d'être prévoyant et de ranger les produits dangereux. L'intoxication se traduit par une salivation abondante, des tremblements et des vomissements. Faites-le vomir en lui mettant la main dans la gueule et retrouvez au plus vite le produit ingurgité. Allez ensuite rapidement chez le vétérinaire.

Piqûre d'insecte
Le chiot joue avec les insectes et ce jeu n'est pas sans risque. La tête, le museau et les pattes sont les plus exposés aux piqûres. Une piqûre de guêpe gonfle très vite. Si l'aiguillon de l'insecte s'est planté dans la peau, retirez-le avec une pince à épiler.

Appliquez ensuite une pommade anti-allergique ou du vinaigre pour calmer la douleur.

Les tiques

À la campagne ou dans votre jardin, votre chiot peut attraper des tiques, surtout en été. Ces parasites piquent le chien en enfonçant leur tête sous sa peau et vont ensuite se nourrir de son sang et gonfler. Après chaque promenade, vérifiez votre chiot, particulièrement la tête, autour des yeux, dans les oreilles, autour du cou, entre les cuisses et sous la queue. Avant de retirer les tiques, il faut les endormir avec un coton imbibé d'éther. Puis, à l'aide d'une pince à épiler, retirez doucement le parasite. Les tiques sont porteuses d'un virus, la piroplasmose. Pour plus de tranquillité, faites vacciner votre chiot, mettez-lui un collier anti-puces et anti-tiques et vaporisez-le avec un produit adapté (il en existe de très efficaces), avant les promenades.

SON ENTRETIEN

LES BAINS

En général, le cocker se salit superficiellement. S'il revient de promenade couvert de terre, un bon coup de brosse est amplement suffisant. En revanche, s'il s'est roulé dans un endroit sale et qu'il sent mauvais, un bain s'impose. Installez un tapis antidérapant au fond de la baignoire et veillez à ce que l'eau soit à 37 °C. Utilisez un shampooing doux spécial pour chien et rincez abondamment en protégeant ses yeux et ses oreilles. À la sortie du bain, frictionnez-le avec une serviette et terminez au séchoir à cheveux en prenant soin de ne pas le coller contre sa peau pour éviter de le brûler. Si le poil de votre chiot est taché de goudron, de peinture ou de graisse, frottez-le avec un chiffon imbibé d'éther ou de térébenthine. Rincez-le ensuite soigneusement.

LE BROSSAGE

Le cocker a une belle fourrure, douce et soyeuse. Mais son système pileux est très développé et nécessite des soins réguliers et appropriés. Dès l'âge de deux ou trois mois, entretenez sa fourrure par un brossage quotidien et un peignage régulier. Installez votre chiot sur une table à hauteur d'homme et bien stable. Si votre chiot est un peu agité, parlez-lui doucement et caressez-le. Couchez-le ensuite sur le côté. Brossez et peignez-le d'abord avec un peigne métallique à dents larges. Passez sous les aisselles, les cuisses puis faites le reste du corps. Utilisez ensuite un peigne fin à dents et à bout rond. Les peignes *Spratt*, en vente dans les magasins spécialisés, sont particulièrement adaptés au brossage des cockers. Peignez toujours la robe dans le sens du poil. Ne négligez pas la tête, les oreilles et la queue. Si vous rencontrez des nœuds, ne tirez pas avec le peigne. Défaites-les soigneusement avec les doigts et coupez-les avec des ciseaux au besoin. Pour éliminer les poils morts, passez le peigne fin sur l'ensemble du pelage, une fois par semaine.

LE TOILETTAGE

Le cocker est apprécié pour son élégance naturelle. Son poil demi-long nécessite cependant un entretien régulier. En vous cédant votre chiot, un éleveur sérieux doit vous préciser les points importants à ne pas négliger. Vous devez démêler et entretenir les oreilles, les franges des pattes, le tour des pieds... N'attendez surtout pas que le peigne ne passe plus dans sa fourrure pour l'emmener chez un toiletteur. La séance de toilettage risque d'être fort longue et coûteuse, sans compter le désagrément pour votre chiot. Avant de prendre rendez-vous chez le toiletteur, renseignez-vous sur la façon dont il opère, les ciseaux et la tondeuse sont à proscrire car ils massacrent à tout jamais la fourrure du cocker. Un cocker s'épile à la main. Vous pouvez obtenir de bonnes adresses auprès du club de race. Des démonstrations de toilettage gratuites sont régulièrement organisées par les délégations.

LES DENTS

Votre chiot perd ses dents de lait vers trois mois, d'abord les incisives puis toutes les autres. De quatre à cinq mois, les incisives et les premières molaires vont pousser. À cinq mois et demi, c'est au tour des crocs. Pendant cette période, surveillez que les dents poussent droites et correctement. À neuf mois, toute la dentition est remplacée par les dents adultes. Un chien n'a pas de caries mais peut avoir, vers l'âge de trois ans, les dents entartrées. Elles sont alors très jaunes et le tartre favorise les infections et les irritations. Un détartrage doit alors être effectué. Pour prévenir le tartre, vous pouvez brosser les dents de votre chiot régulièrement. Utilisez un dentifrice pour chien et utilisez un mélange de bicarbonate de soude et d'eau. À l'aide d'un chiffon imbibé de cette préparation, frottez les dents de votre chiot. Donnez-lui aussi des gros os de bœuf ou de veau à ronger. Cela évite la formation du tartre et en plus, les os contiennent du calcium et du phosphore.

LES YEUX

L'œil d'un chiot doit être vif, brillant, humide mais jamais coulant. Si de petites saletés s'accumulent au coin des yeux, nettoyez-les une fois par semaine avec du sérum désinfectant très doux. En gambadant dans la nature, votre cocker peut ramasser des poussières de graminées. Elles s'agglutinent au coin des yeux et provoquent parfois des conjonctivites. Dans ce cas, demandez conseil à votre vétérinaire qui vous prescrira un collyre adapté.

LES OREILLES

Avec ses oreilles basses et pendantes, le cocker ramasse beaucoup de saletés. Afin d'éviter les amas de déchets, brossez puis peignez très régulièrement ses oreilles. Faites attention aux nœuds qui peuvent se former à la base de l'oreille vers le cou. Dégagez donc régulièrement la base de l'oreille au ciseau ainsi que l'intérieur ou à la tondeuse. Une fois par semaine, lavez l'intérieur de l'oreille avec un produit approprié aux oreilles. Massez doucement la base de l'oreille pour faire remonter les saletés incrustées dans le pavillon.

LES ONGLES

Si votre chiot court, marche, creuse des trous régulièrement, ses griffes vont s'user naturellement. En ville, un chiot fait moins d'exercice et ses ongles doivent être coupés afin d'éviter toute gêne. Utilisez un coupe-ongles spécial ou, si vous n'êtes pas sûr de vous la première fois, demandez conseil au toiletteur ou au vétérinaire. Il faut, en effet, éviter de couper l'ongle trop court car il contient une pulpe. Vous risquez alors d'entailler cette moelle et de provoquer saignements et infection.

SON CLUB DE RACE

Créé en 1898, le Spaniel club français est l'un des plus anciens clubs de race. Il fut fondé lors de l'exposition de Paris par des hommes passionnés et amoureux de la race, tels M. Lamaignère, M. Servan ou encore le baron Joubert. Ils entreprirent de réglementer l'élevage du cocker en France, organisèrent des expositions et des concours. Le docteur Paul, président du club (1934-1960) imposa bientôt sa devise, «Le beau et le bon», résumant ainsi ce que devait être le cocker «moderne»: un beau chien de compagnie et un bon chien de chasse. Affilié à la Société Centrale Canine, le Spaniel club français a la particularité de représenter non pas une race mais les huit variétés de spaniel (l'*English cocker-spaniel*, l'*American cocker-spaniel*, l'*English springer-spaniel*, le *Welsh springer-spaniel*, le *field spaniel*, le *Sussex spaniel*, le *Clumber spaniel* et l'*Irish water spaniel*). Aujourd'hui, le Spaniel club français est présent dans toute la France, ses 18 délégués régionaux et ses plus de 70 délégués départementaux assurent un relais entre les éleveurs, les propriétaires et le public.

Le Spaniel club français veille attentivement à la bonne continuité des différentes variétés de spaniels. Chaque année, il organise une exposition nationale d'élevage.

Le Spaniel club français et ses délégués régionaux informent les acheteurs potentiels de spaniels sur les éleveurs (conseils sur le choix, achat d'un chiot...) et publie une revue *Spaniels* où figurent de nombreuses informations sur la vie du club, les expositions, les *field-trials*...

ADRESSES UTILES

FRANCE

Spaniel club français
Président M. Gérard Arthus
191, Domaine d'Aubigny,
18700 Aubigny-sur-Nère
France
☎ 02 48 58 44 34
Secrétaire général:
Mme Fabienne Courtel
Avesnes-en-Bray
76220 Gournay-en-Bray
France
☎ 02 35 90 04 60

Mme Babette Hattu Du Vehu
Membre de la commission et éleveuse
3, Avenue Thiers
77170 Brie-Comte-Robert
France
☎ 01 64 05 50 05

Société Centrale Canine
155, avenue Jean-Jaurès
93535 Aubervilliers cedex
France
☎ 01 49 37 54 01

Assistance aux animaux
23, avenue de la République
75011 Paris
France
☎ 01 43 55 76 57

American Dog Look (toiletteur et éleveur)
4, rue Mangold
68 000 Colmar
☎ 03 89 23 70 20
http://rmcnet.fr/doglook

CANADA

Kebec's (éleveurs de cockers américains)
Pierre Talbot et
Jean A. Delisle
☎ (514) 357-0089
kebecs@generation.net
http://wwww.generation.net/~kebecs

Club Canin Canadien (Canadian Kennel Club)
Commerce Park
89 Skyway Avenue,
Bureau 100
Etobicoke (Ontario)
Canada M9W 6R4
☎ (416) 675-5511
Fax (416) 675-6506

BELGIQUE

Société Royale Saint Hubert
98, avenue Giraud
1030 Bruxelles
Belgique
☎ 02 245 48 40
Fax 02 245 87 90

Section élevage des chiens de compagnie
A. De Groote
53, Stropstraat
9000 Gand
Belgique
☎ 09 221 55 98

Fédération Cynologique Internationale
13, place Albert Ier
6530 Thuin
Belgique
☎ 71 59 12 38

INTERNET

Le cocker sur Internet
http://www.netrover.com/~mariee/page.html
http://www.megacom.net/~damboise
http://www.telusplanet.net/public/fredp/cstar.html
http://www.oia.ucalgary.ca/htm/palz/donna.htm

Nous remercions chaleureusement Babette Hattu du Vehu, pour sa précieuse collaboration ainsi que pour le reportage photos. Merci également à l'American Dog Look pour les photos de cocker américain.